和紙と文具って…

ふだん使うノートの紙と、むかしから日本で作られている和紙。どちらも紙ですが、ちがいがあります。どうちがうの？　なにからできているの？　そんな和紙のギモンと、筆や墨など伝統的な文具について、調べてみましょう。

●この本で紹介しているのは経済産業大臣指定の伝統的工芸品です●

※「伝統的工芸品」とは、次の要件をすべて満たし、伝統的工芸品産業の振興に関する法律（伝産法）に基づき経済産業大臣の指定を受けた工芸品のことをいいます。

- 主として日常生活で使用する工芸品であること。
- 製造工程のうち、製品の持ち味に大きな影響を与える部分は、手作業が中心であること。
- 100年以上の歴史を有し、今日まで継続している伝統的な技術・技法により製造されるものであること。
- 主たる原材料が原則として100年以上継続的に使用されていること。
- 一定の地域で当該工芸品を製造する事業者がある程度の規模を保ち、地域産業として成立していること。

伝統工芸のきほん ⑤

和紙と文具

理論社

もくじ＆産地（さんち）マップ

和紙（わし）ができるまで …04
～越前（えちぜん）をたずねる～
1 原料（げんりょう）をにる …06
2 ネリをまぜる …07
3 紙をすく …08
4 かわかす …09

和紙のきほん
和紙ってなんだろう …10
和紙の特徴（とくちょう） …12
和紙の原料（げんりょう）と作り方 …14
和紙の豆知識（まめちしき）
代表的（だいひょうてき）な和紙の種類（しゅるい） …16

産地（さんち）を知ろう！ニッポン和紙案内（わしあんない） …17
内山紙（うちやまがみ）（長野県（ながのけん）） …18
越中和紙（えっちゅうわし）（富山県（とやまけん）） …19
越前和紙（えちぜんわし）（福井県（ふくいけん）） …20
美濃和紙（みのわし）（岐阜県（ぎふけん）） …21
因州和紙（いんしゅうわし）（鳥取県（とっとりけん）） …22
石州和紙（せきしゅうわし）（島根県（しまねけん）） …23
阿波和紙（あわわし）（徳島県（とくしまけん）） …24
大洲和紙（おおずわし）（愛媛県（えひめけん）） …25
土佐和紙（とさわし）（高知県（こうちけん）） …26

産地のいろいろな和紙 …27

文具とその他の工芸品 …28
鈴鹿墨（すずかすみ）（三重県（みえけん）） …28
赤間硯（あかますずり）（山口県（やまぐちけん）） …29
雄勝硯（おがつすずり）（宮城県（みやぎけん）） …29
豊橋筆（とよはしふで）（愛知県（あいちけん）） …30
奈良筆（ならふで）（奈良県（ならけん）） …31
熊野筆（くまのふで）（広島県（ひろしまけん）） …31
播州（ばんしゅう）そろばん（兵庫県（ひょうごけん）） …32
雲州（うんしゅう）そろばん（島根県（しまねけん）） …32
京扇子（きょうせんす）（京都府（きょうとふ）） …33
房州（ぼうしゅう）うちわ（千葉県（ちば）） …34

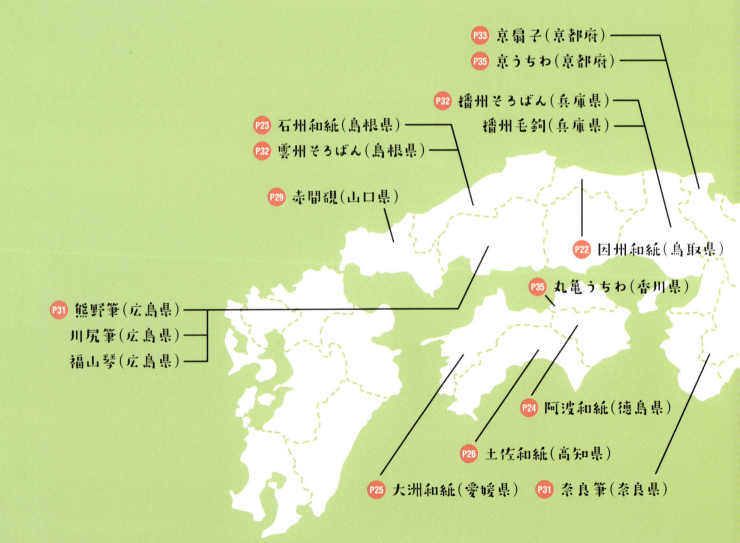

京うちわ（京都府）…35
丸亀うちわ（香川県）…35
甲州印伝（山梨県）…36
江戸からかみ（東京都）…37

和紙と文具ニュース…38
〜産地の課題と新しい取り組み〜

都道府県別
伝統的工芸品一覧…40

おもな和紙と文具の産地

この地図には国の伝統的工芸品に指定されている和紙と文具・その他の工芸品の産地がのっています。赤丸が付いている産地を本でくわしく紹介しています。

- 天童将棋駒（山形県）
- P29 雄勝硯（宮城県）
- P18 内山紙（長野県）
- P19 越中和紙（富山県）
- P20 越前和紙（福井県）
- P21 美濃和紙（岐阜県）
- P36 甲州印伝（山梨県）
- 甲州手彫印章（山梨県）
- P37 江戸からかみ（東京都）
- P34 房州うちわ（千葉県）
- P30 豊橋筆（愛知県）
- 尾張七宝（愛知県）
- P28 鈴鹿墨（三重県）

和紙

むかしの人たちは長い間、石や動物のほねなどに文字をきざんできました。中国で紙が発明されると、大陸から海をわたって日本にもその技術が伝わり、各地で「紙すき」がはじまります。それぞれの土地で今も受けつがれる伝統的な和紙と、その作り方について、この本で見てみましょう。

越前をたずねました！

和紙ができるまで

全国の産地のなかでも、とくに古い歴史をもつ福井県越前市。せまい谷間にいくつもの製紙工場があり、今も伝統的な技が受けつがれています。そのなかの一つをたずねて、作り方を見せてもらいました。

（たずねた工房）

岩野平三郎製紙所

明治時代から4代つづく製紙所。手すき和紙工房としては全国でも規模が大きく、分業制で和紙を作ります。いろいろなタイプの和紙を生産し、とくに日本画用紙はプロが愛用する品質の高さです。

どうして越前で和紙作りがさかんになったの？

越前は海のむこうからわたってきた人々により、焼きものやぬりもの、刃物など、多くの技が伝えられた、ものづくりの土地です。和紙もそのひとつで約1500年という長い歴史をほこります。ゆたかな水と伝統の技で作る越前和紙は質が高く、写経や戸籍の紙、武士の公文書に用いられるように。明治時代には全国で使われる紙幣も越前和紙で作られました。

江戸時代にさかんに作られた「奉書」がこれ！

地形と歴史

和紙作りにはたくさんの水が必要です。越前和紙発祥の地・五箇（現在の岡本地区）は山々にかこまれた谷間の集落で、つねに山から清らかな水が流れてきます。水路をはさむようにいくつもの工房が軒をつらねています。

日本でゆいいつの紙の神様

集落の奥の岡太神社にまつられているのは、和紙の神様・川上御前。この地が和紙作りにてきしていることを人々に伝え、紙すきの技を教えたといわれます。

原料と水

山から水が流れてくる！

木

和紙は植物を原料に作られます。もっとも多く使われるのが、コウゾという木の皮。せんいが太く強いので、じょうぶな和紙を作ることができます。ほかにミツマタ、ガンピが和紙のおもな原料になります。

つなぎ

和紙の原料のせんいをつなぐ液体を作るときにトロロアオイという植物を使います。かわかしたトロロアオイの根をたたいて水につけるとねばねばの液体ができ、つなぎの役目をはたします。

豊富な山水

和紙にはたくさんの水を使用。水がきれいだと美しい和紙ができます。

和紙ができるまで 1 原料をにる

植物をにてせんいをやわらかくし、水にさらしてゴミをとります。

原料を用意

コウゾなど和紙の原料となる植物をむして、幹から皮をけずり取り、かわかします。皮にふくまれるせんいが紙のもとになります。

水にひたす

かんそうした皮をひとばん水にひたし、やわらかくしてから水洗いします。しっかりと洗って、皮についたゴミや砂を落とします。

高温でにる

大きなかまで、水洗いした皮をにこみます。アクなどを加えてにこむことで、よけいな成分がとけ出し、せんいがほぐれやすくなります。

水にさらしアクをぬく

にこんだ皮を大きな水そうに入れ、水にさらします。水を5〜6回かえ、ひとばんおいたら、次の朝ふたたび水を入れかえアクをぬきます。

ゆび先でちりをとりのぞく

「ちりより」をする

アクぬきした原料を水にうかべたかごの中に入れ、せんいについた細かいちり（ゴミ）を手作業で取ります。4段階に分けて行います。

水にさらす

ちりよりした原料をふたたび水にひたして洗います。せんいの不純物をしっかりと取りのぞき、美しい和紙を作るために大切な作業。

たたいて細かくするよ

せんいをくだく

原料と水を叩解機という機械に入れ、回転させながらせんいをほぐします。2〜3時間くらいすると、せんいがわたのようになります。

なんどもくりかえしててってい的に！

和紙ができるまで 2
原料とネリをまぜる

紙のせんいと、ねばり気のあるネリ（つなぎの役目をするもの）を入れてよくまぜます。

> 紙をすくための準備！

紙料をふねに入れる
大きなふねに水をはり、細かくほぐした原料とネリを入れます。こさが均一になるよう、長い棒でまぜて紙料（紙のもと）を作ります。

「ふね」
原料を入れる水そうのようなもの

「すきす」と「すきげた」
すきすはあみ目状で、これでせんいをすくい取る。すきげたは木のわく

▼ ネリの作り方と役割

> せんいが均等になるよ！

① トロロアオイを水につける
トロロアオイという植物の根をたたいて水につけると、ねばりのある液体がたくさん出ます。このねばりが「ネリ」のもとになります。

② 液体をこし取る
ねばねばの液をトロロアオイの根ごとサルにあげて、時間をかけてこします。この工程を2回行い、濃度の高いネリを作ります。

③ ふねでよくまぜる
ねばねばとしたネリには、原料のせんいとせんいをつなぐ作用があります。ふねの中でせんいとネリが均等に広がるようまぜます。

和紙ができるまで 3

紙をすく

紙のもとになる液体を木わくにすくいます。くりかえして厚みを出します。

① 液体をすきげたにくむ

すきげたにすきすをはめ、ふねの中に入れて、すばやく紙料をくみ上げます。手すき和紙の中心となる作業のはじまりです。

② 均等になるように

紙の厚みが均一になるよう、紙料をくみ上げたすきげたを上下に動かします。すきすのあみ目から、よぶんな紙料をおとします。

③ くりかえして厚みを出す

紙料をくみ上げたすきげたを上下に動かす作業をなんども行います。紙料は重いので、同じ厚みに仕上げるのはむずかしい作業。

大きな紙なので2人で!

④ ゆっくり上下に動かしてすく

大きな和紙を作るときは、すきげたも大きなものを使います。2人以上で行う場合は、職人さんたちは息を合わせて作業します。

ひえた手をあたためる!

寒い季節は手がひえるので、お湯であたためながら作業します

紙の厚みを自然光でかくにん

紙の厚さは、すきすの上にのった紙料のすけぐあいや色合い、紙料の重さではんだん。まさに職人技!

こうして1日に何枚も作るよ!

⑤ できた紙を布に重ねる

すいた紙は重ねてもくっつかないよう布の上におきます。紙をすいて布におく工程をくりかえし、1日に何枚も紙をすきます。

和紙ができるまで 4 — 紙をかわかす

水分をきって板にはりつけ、かんそうさせて仕上げます。

① すいた紙から水をぬく

すいた紙に圧力をかけ、半日から1日かけて水分をぬきます。水分がぬけてもまだしめっているので、かわかす作業を行います。

② 布ごと1枚取る

水分をぬいた紙を布ごとはがします。まっすぐな紙にしわや折り目がつかないよう、すみからていねいに取っていきます。

まっすぐ、ぴったりとはりつける

③ 板にはる

紙は空気が入らないように「ほし板」にぴったりとはりつけます。大きな和紙は2人で行います。ほし板には、水に強いイチョウの木を使用。

はけとローラーを使うよ！

約50度でひと晩！

④ かんそう室へ

むかしは、ほし板にはりつけた紙を屋外で天日ぼししていましたが、今は室とよばれるかんそう室でかわかします。

⑤ かわいたら板からはがす

かわいた紙を室から出したら、道具を使い、ほし板から紙をはがす工程に。大きな紙をはがすときは、2人で作業を行います。

⑥ できあがり！

和紙の表と裏をチェックし、よごれやキズがないことをかくにんしたら完成。はしを切りそろえる場合もあります。

和紙のきほん

この本では日本の伝統的な和紙を紹介しています。
ふだん使うノートなどの紙とどうちがうか、考えてみましょう。

和紙ってなんだろう？

なにからできているの？

ほとんどの紙は木の皮や草など、植物のせんいで作られています。和紙の原料は、日本にむかしから生えていた、コウゾ・ミツマタ・ガンピなどの背のひくい木や、草などです。

少し黄色っぽい色も多いよ

どんな色かな？

和紙には色をつけたものもありますが、原料の色をいかしたものも多く、クリーム色や黄色がかった色をしています。それは、原料となる木や草などの植物がもっていた色なのです。

へりがまっすぐじゃないものも

どんなものがあるかな？

はがきやびんせん、絵や書道の紙、障子紙など、くらしに身近なものがたくさん作られています。厚さや大きさもさまざまで、いろいろな使い方ができます。

和紙とそうじゃない紙のちがいは？

角には丸みがあって、紙のへりがまっすぐになっていないのが、1枚ずつ作った「手すき和紙」の特徴です。手すきでも、はしをきりそろえて、まっすぐにしたものもあります。

洋紙は白くてつるっとしてるよ！

和紙とは…

和紙とは日本にむかしから生えていた木や草を使って、おもに手作業で1枚ずつ作る紙のことです。ざらっとした手ざわりで、やわらかな色に仕上げたものが多く、原料のもち味がいかされています。どの地域も、ほぼ同じ種類の植物で作られています。

和紙と洋紙のちがいを知ろう

ふだん使うノートやコピー用紙などの白くてつるつるした紙は、ほとんどが洋紙です。洋紙は針葉樹や広葉樹の幹を利用した「木材パルプ」から作られます。和紙よりも細かなせんいでできていて、紙の目がぎゅっとつまっています。明治時代以降、日本でも一般的になりました。和紙はおもにコウゾ・ミツマタ・ガンピなどから作られます。

ふだん使っている紙は洋紙が多いよ！

和紙の特徴

じょうぶで長もちし、どくとくの風合いがある和紙。
紙の原料となるせんいが長いため、そうした特徴が生まれます。

うすくてもじょうぶ
うすくてもしっかりしていて強さがあり、また、厚くても軽いのが和紙の特徴です

原料のせんいが長く、からんだところにすき間が少しできるので、表面におうとつがあります。ざらざらした手ざわりです

空気や光を通す
せんいの間にすき間があるため、空気や光を通します。障子紙や照明にも利用されます。

手作業で作るので、同じ原料や産地でも、職人さんによってちがう風合いに

和紙の特徴を知ろう！

長もち	じょうぶ	独特の風合い	安全
和紙はいたみにくく、とても長もちします。奈良県の正倉院には1000年以上前の和紙の書物が残されています。	長いせんいでできた和紙。なんども折ったり、もんだりしても、なかなかやぶれません。さまざまに加工できます。	洋紙よりもせんいの質感が紙に出やすく、そぼくな風合いに。やさしい肌ざわりも手すき和紙ならでは。	植物を原料にして、薬品をほとんど使わずに作ります。環境にやさしく安全性も高く、リサイクルにむいています。

和紙はどんなものに使われるの？

> じょうぶさをいかして
> いろんなものが
> 作られているよ

障子紙

かつてはどこの家でも使っていた障子紙。うすくてじょうぶな伝統的な和紙製品のひとつ

和とじ本

折った紙を糸でとじた、和のノート。表紙には、柿渋や、あいなどでそめた紙も使われます

名刺

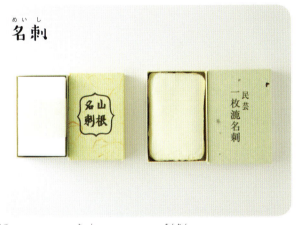

厚めにすいた和紙の名刺は、近年よく作られています。名前や住所、電話番号などを印刷します

懐紙

懐に入れておく紙としてむかしから使われてきました。おかしを取り分けるなど使い方はいろいろ

ぽちぶくろ

お年玉やご祝儀などお金を入れるふくろ。和紙はしっかりしているので、ふくろにもむいています

千代紙

折り紙やつつみ紙、かざりなどにする、さまざまなもようがすられた色あざやかな正方形の和紙

和紙の原料と作り方

コウゾ・ミツマタ・ガンピなど、原料となるおもな植物を紹介します。
それぞれを使った紙の特徴や、和紙の作り方も調べてみましょう。

ガンピ

ジンチョウゲ科の低木。成長がおそく、栽培がむずかしいため、ほぼ野生のものが使われていますが、絶滅の心配がある植物です。せんいはみじかくて細く、つやがあります。

コウゾ

クワ科の低木。おもに高知県と茨城県の山間部で栽培されています。ほかの原料よりもせんいが太くて長く、よくからむため、じょうぶです。強度のある紙が作れます。

ミツマタ

ジンチョウゲ科の低木。日本ならではの原料です。せんいはやわらかくて細く、つやがあり、ちみつでなめらかな紙ができるので印刷にむいています。お札の原料としても使われます。

そのほか、イネ・竹・麻なども紙の原料に！
用途に合わせ、イネや竹などいろいろな植物が原料になります。竹や麻を使うと手間がかかりますが、品質のいい紙ができるため使いつづける職人さんもいます。

原料でどうちがう？

コウゾ紙

和紙を代表する紙。じょうぶなので、さまざまなものに加工されます。ふすま紙や障子紙、和がさにも。うすくも厚くもでき、せんいをのこした風合いのあるものから、なめらかな手ざわりのものまでたくさんの紙があります。

ガンピ紙

鳥の子紙ともよばれます。せんいが細いために厚みを出すのがむずかしく、うすい紙が作られています。光沢と、とうめい感があり、つるつるした手ざわりです。写経の紙や、書道や日本画に使われます。ややかための質感です。

ミツマタ紙

コウゾ紙よりもきめが細かく表面がなめらかですが、ガンピ紙ほどつるつるではありません。古くから、紙幣や箔合紙（金ぱくなどにはさむ紙）などに利用されてきました。なめらかに書けるので、書道用紙にもむいています。

麻紙

中国や日本では、古くから麻紙が作られてきました。しかし麻はせんいが強く、紙に加工するのに手間がかかるため、今では生産量がへって、あまり多くは作られていません。上品な風合いがあり、おもに日本画用に使われます。

和紙の作り方

産地によってちがいがありますが、手すき和紙の一般的な作り方を紹介します。ひとりの職人さんが行う場合もありますが、専門の職人さんが分業で作業する場合もあります。

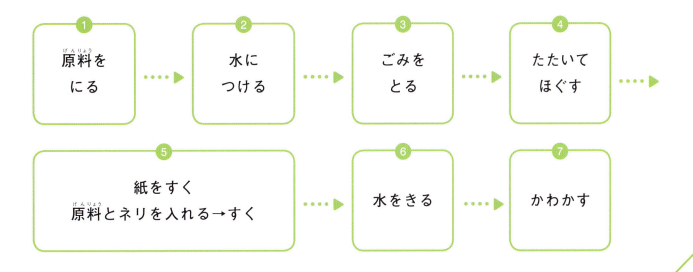

1. 原料をにる
2. 水につける
3. ごみをとる
4. たたいてほぐす
5. 紙をすく　原料とネリを入れる→すく
6. 水をきる
7. かわかす

わし

和紙の豆知識

代表的な和紙の種類

和紙は原料や作り方、使い道によって、さまざまなよび名がついています。紹介したもの以外にも、さまざまな種類の和紙があります。

奉書紙

コウゾを原料にした和紙で、ふっくらとやさしい手ざわり。軽くじょうぶなことから、むかしは公家や武士たちの公文書の用紙として使われました。現在は、のし紙、懐紙、木版画用紙として利用されています。

鳥の子紙

光沢があり、肌ざわりがなめらか。紙の色が卵のからににていることから、この名がつきました。きほんの原料はガンピですが、コウゾやミツマタを加える場合も。使い道はふすま紙、かべ紙、印刷用紙など。

画仙紙

書画のための和紙。色が白く、墨汁をよくすいこむので、おもに書道、日本画、水墨画などに使われます。原料はコウゾ、ミツマタなど産地によってさまざま。紙の質感や厚さもそれぞれことなります。

局紙

つやがありじょうぶで印刷にすぐれた紙。原料はミツマタです。明治初期、大蔵省抄紙局にまねかれた越前の紙すき職人さんが新しい紙幣用紙として開発しました。今は表彰状や名刺などにも使われます。

> ほかにも間似合紙、宿紙、泉貨紙などとよばれる紙も

手すきと機械すき

和紙には手すきのほかに、機械ですいて作る方法もあります。機械すきも、原料にはコウゾやミツマタなどが使われます。手すきの技術を機械で行うため工程の順番や内容はほとんど変わりませんが、それぞれに特性があります。まず、手すき和紙は1枚ずつ作るため、厚さ、大きさ、風合いなど1枚ごとにびみょうなちがいが生まれます。いっぽう、機械すきはまったく同じ厚さ、大きさの紙をたくさん作ることができます。品質が安定しているので、本、ノート、折り紙などに製品化しやすいのが特徴です。

産地を知ろう！
ニッポン和紙案内

和紙の産地は、きれいな水にめぐまれた土地にあります。
とくに雪深い土地では、農業ができない冬の副業として発達しました。
それぞれの和紙のちがいを見てみましょう。

和紙の用語集

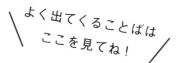
よく出てくることばはここを見てね！

紙すき
すきすとすきげたを使い、紙料を重ねて紙を作ること。すき方には「流しすき」と「ためすき」があります。

流しすき
すきげたに紙料とネリをまぜた液体をくみ、上下に動かしてせんいをからませる作業をくりかえす作り方。

さらす
川の水や雪の上、天日にあてて色を白くする作業のことです。さらし粉などで漂白することも。

障子紙
和紙は通気性があり、あかりを通すので、室内のとびらや窓の木わくにはる障子紙として利用されます。

落水紙
うすく紙をすいたところに、きり状の水滴を落として小さくて細かいあなをあけ、もようにした紙。

半紙
ふつう、たて25cmよこ35cmぐらいの大きさに作った和紙をさしますが、それ以外の大きさもあります。

美術工芸紙
さまざまな技を使い、色やもようをつけて美しくいろどった和紙。工芸品や民芸品に使われます。

巻紙
切った紙をよこにつないで長くして、はしからまいたもの。書状（むかしの手紙）などに使われてきました。

そめ紙
染料（着色料）で色をそめた和紙のこと。植物のあいを使った「あいぞめ」など。いくつかの技法があります。

わし

長野県 内山紙（うちやまがみ）

長野県
飯山市（いいやまし）

しょうじの紙を作っているよ

内山紙の代名詞といえる障子紙。今は機械すきで、つぎ目のない障子紙も作っています

雪のような白さが特徴の内山紙。奥信濃に生えているコウゾなどが原料です

内山障子紙

内山紙のおもな特徴

材料／コウゾなど
歴史／江戸中期から
種類／障子紙など
技法／手すき、機械すき。木の表皮をすきこんだ紙、もんで仕上げる紙なども

 雪深い土地で冬に作る障子紙

　千曲川が流れる山々にかこまれた奥信濃の雪深い土地で、江戸時代から生産されている内山紙。山や野に生えるコウゾを原料に、農家の人々の冬の間の副業として地域に紙作りが広まりました。内山紙の特徴のひとつが豪雪をいかした「雪さらし」という工程です。コウゾのせんいをふりつもった雪の上に広げ、雪をまばらにかけて1週間ほど天日にさらしておくと、雪がとけるときに発生するオゾンの漂白効果によって白くなります。薬品を使わずに自然に白くなった原料で作る紙は、日やけしにくく、じょうぶで長もち。古くから上質な障子紙の産地として知られています。

※オゾンは気体の名前。紫外線を吸収し、殺菌・脱臭・脱色などのはたらきがある。

富山県 越中和紙（えっちゅうわし）

朝日町
富山県
富山市
南砺市

かつて八尾和紙は薬をつつむ紙として知られていました。今は色あざやかな和紙を生産

五箇山和紙は五箇山コウゾがおもな原料。質感も用途もさまざまな和紙を作っています

自家栽培のコウゾを使って、ていねいに作られる蛭谷紙。あたたかみのある肌ざわり

しゅるいがいろいろ！

写真左上は八尾和紙、左下は蛭谷紙、写真右は五箇山和紙。

越中和紙のおもな特徴

材料／コウゾなど
歴史／江戸中期から
種類／障子紙、半紙など
技法／手すきが中心。型ぞめ、草木ぞめで色をつけて仕上げるものも

3つの産地で特色ある紙を作る

　富山市の八尾和紙、南砺市の五箇山和紙、朝日町の蛭谷紙。この3つの産地の和紙全体をさして越中和紙とよび、それぞれの土地で特色のある和紙を作っています。「越中富山の薬売り」の薬のつつみ紙として発展してきた八尾和紙は、伝統を受けつぎながら型ぞめによるいろどりゆたかな製品を生産。五箇山和紙には、長い年月をへても黄ばむことなく1000年もつといわれる悠久紙をはじめ、障子紙、半紙、紙塑人形など、さまざまな製品があります。蛭谷紙は、原料のコウゾとネリになるトロロアオイを自家栽培し、古くからの製法と道具で作っています。

※江戸時代にはじまったとされる「越中富山の薬売り」。富山から日本各地をおとずれ、薬を売り歩きました。

越前和紙（えちぜんわし）

福井県

福井県 越前市

おもしろいもよう！

伝統的な越前奉書紙のほか、文具をはじめとするたくさんの和紙製品が作られています

あい色やむらさき色にそめた紙を雲のようにすきこむ「打雲」も越前に伝わる技法のひとつ

手前から、奉書紙、びんせん、はがき、打雲の美術工芸紙

越前和紙のおもな特徴

材料／コウゾ、ミツマタ、ガンピ、麻など
歴史／6世紀ころから
種類／奉書紙、日本画用紙、局紙、鳥の子紙など
技法／手すき、機械すき

紙の神様に守られて1500年！

　越前で紙作りがはじまったのは、今から1500年以上前のこと。現在の岡本地区を流れる川の上流にひとりの女性があらわれ、人々に紙すきの技術を教えたことが起源とされています。人々はこの女性を「紙祖神 川上御前」とあがめ、1843年に岡太神社をたててまつりました。紙の神様がまつられる神社があるのは国内でここだけです。そうした伝統を守りながら、古くは公家・武士たちに用いられた奉書紙、日本画家が愛用する画用紙、もようやすかしの加工をした美術工芸紙など、いろいろな種類の和紙を生産。今もむかしも変わらない、日本を代表する和紙の産地です。

岐阜県 美濃和紙(みのわし)

岐阜県美濃市

うすく、強く、むらのない仕上がりの本美濃紙。色が変わりにくく、長もちします

紙のせんいがとどのってる！

伝統の技をいかし、ワラをまぜたり、すかしのもようをつけたりした和紙も生産

手前から、落水紙、書画用稲藁紙、本美濃紙

美濃和紙のおもな特徴
材料／コウゾなど
歴史／奈良時代から
種類／本美濃紙、障子紙、書画用紙、落水紙など
技法／美濃どくじの十文字すさが特徴

長い歴史をほこる和紙の里

　1300年以上の伝統を受けつぐ美濃和紙。奈良県の正倉院には、もっとも古い美濃和紙といわれる702年製の戸籍用紙がほぞんされています。今の美濃市を中心とした地域は長良川、板取川といった清流にめぐまれ、地元の上質なコウゾで、じょうぶで美しい紙が生産されてきました。その品質の高さは室町時代から全国で知られていたといいます。今はコウゾのほか、ミツマタ、ガンピなどでも作りますが、茨城県産大子那須コウゾだけを原料に、きめられた製法ですかれた手すきの紙は「本美濃紙」とよばれ、国の重要無形文化財とユネスコの無形文化遺産に指定されています。

わし

鳥取県 因州（いんしゅう）和紙（わし）

鳥取県
鳥取市

材料やサイズちがいのいろいろな因州画仙紙を生産。書道のほか、水墨画にもむいています

なめらかに書けるんだって！

手すきの和紙ほか、機械すき和紙で作るびんせんなどの文具も有名です

左から時計まわりにコウゾ100％の因州画仙紙、竹入りの因州画仙紙、手すきのはがき、びんせんとふうとう

因州和紙のおもな特徴

材料／コウゾ、ミツマタ、ガンピなど
歴史／奈良時代から
種類／因州画仙紙、書道半紙、障子紙など
技法／手すき、機械すき

画仙紙（がせんし）の生産量（せいさんりょう）は日本一

　鳥取市の青谷町（あおやちょう）と佐治町（さじちょう）という、清らかな川が流れるふたつの町で因州和紙は生産されています。起源（きげん）ははっきりしていませんが、1300年以上前からこの地で紙作りがはじまったとされています。慶長時代（けいちょうじだい）（1596〜1615年）には海外へ輸出（ゆしゅつ）され、江戸時代になると鳥取藩（とっとりはん）の御用紙（ごようし）としても、町人が使う紙としても発展（はってん）。伝統的（でんとうてき）な手すきの技（わざ）で、さまざまな種類の紙が作られるようになりました。よく知られているのが、昭和30年代に書道用として開発（かいはつ）された「因州画仙紙」。墨（すみ）のほどよいにじみぐあいと書きやすさに定評（ていひょう）があり、画仙紙の国内生産量（こくないせいさんりょう）の6〜7割（わり）をしめます。

石州和紙（せきしゅうわし）

島根県

島根県浜田市

半紙が多いね

やさしい風合いの和紙製品。用途に合わせて、原料を使い分けて作ります

折ったり、もんだりしてもやぶれない石州半紙は、帳簿などに使われました

左から石州短冊、石州巻紙、書道半紙、石州半紙、びんせん、ふうとう

石州和紙のおもな特徴

材料／コウゾ、ミツマタ、ガンピ
歴史／平安後期から
種類／石州半紙、画仙紙、書道用紙、そめ紙など
技法／手すき

地元産の原料にこだわって作る

　石州和紙は島根県西部の石見地域で、1000年以上前から作りつづけられています。地域で栽培されるコウゾとミツマタ、野生のガンピと地元産の原料にこだわり、流しすきをはじめとする伝統的な技法で和紙を生産。うすいのにじょうぶな「石州楮紙」、紙質がやわらかくなめらかな「石州三椏紙」、半とうめいでせんさいな「石州雁皮紙」を作り、さまざまな和紙製品に加工します。なかでも石州楮紙のひとつ、国の重要文化財とユネスコの無形文化遺産に指定される「石州半紙」はその代表格。強くてしなやか、光沢のある半紙は日本でいちばんじょうぶな和紙といわれています。

わし

徳島県

阿波和紙
（あわわし）

徳島県
吉野川市
那賀町
三好市

藍ぞめなど、そめ紙を表紙にした和とじのノートやメモ帳は、ふぜいがあります

いろいろな原料を組み合わせて、色合い、質感のことなる和紙を生産しています

きれいな色にそまってる！

美術用ファインアートペーパー、藍ぞめなどの手ぞめ和紙の和帳

阿波和紙のおもな特徴

材料／コウゾ、ミツマタ、ガンピ、麻、竹など
歴史／8世紀ごろから
種類／版画用紙、印刷用紙、そめ紙、民芸紙など
技法／手すき、機械すき

色あざやかなそめ紙で有名に

　阿波和紙の歴史は今から1300年前。朝廷につかえていた忌部族という人たちがコウゾや麻を植え、紙や布を作ったことがはじまりとされています。江戸時代、徳島ではそめものに使う植物・藍の栽培がさかんでした。この藍を布だけでなく、和紙もそめることはできないかと職人さんたちが研究を重ねて完成させたのが、阿波の藍ぞめ和紙です。その後、もみぞめ、しぼりぞめなど、もようぞめの方法もたくさん生まれました。今は伝統の手すき和紙のほか、機械すきの和紙も積極的に生産。写真をあざやかに印刷できる和紙やつつみ紙、かべ紙など時代に合わせたものを作っています。

 愛媛県

大洲和紙（おおずわし）

 愛媛県内子町

大洲和紙を代表する書道半紙。太字（漢字）用のほか、かな字用もあります

書道の紙が多いんだね

手すきならではのあたたかみのある大洲和紙。むらのない美しい仕上がりも特徴

左から、巻き紙、書道半紙、ふうとう、びんせん

大洲和紙のおもな特徴

材料／コウゾ、ミツマタなど
歴史／平安時代から
種類／書道用紙、障子紙、表装用紙、そめ紙など
技法／手すき

1枚ずつ作る手すき書道半紙

　平安時代から生産されていたとされる大洲和紙。江戸中期には、大洲藩の紙すき師でもある僧侶が技を伝え、藩内産業として紙作りがさかんになったといわれています。今でも清流・小田川の水を利用し、ベテランの職人さんが手作業でていねいに和紙を生産。流しすきの技法で作られる和紙は、うすくて強く、むらがないと古くから評判でした。なかでも書道半紙は、墨のつき方がよくなめらかで書道家も愛用する品質の高さをほこります。ほかにも障子紙やそめ紙、もみ紙などを作るほか、地元・五十崎町の伝統行事「いかざき大凧合戦」に使われるたこ紙も製造しています。

土佐和紙 （高知県）

高知県 いの町

地元産のコウゾで作られる「土佐清帳紙」。書道や版画などに用いられます

「かげろうの羽根」とよばれる「土佐典具帖紙」の厚さは、なんと0.02mmほど！

手前から土佐巻紙、土佐板締草木染、土佐清帳紙、土佐典具帖紙

土佐和紙のおもな特徴
- 材料／コウゾ、ミツマタ、ガンピなど
- 歴史／平安後期から
- 種類／修復紙、美術紙、書道用紙、表具紙など
- 技法／手すき

七色のそめ紙と、うすい典具帖紙

　古くから紙の町としてさかえた現在のいの町では、1000年以上前から紙が作られていたといわれています。江戸時代には、七色にそめた「土佐七色紙」が幕府に献上されていました。歴史ある土佐和紙をさらに発展させたのが、地元で代々つづく紙すき職人の家に生まれた吉井源太です。江戸末期から明治時代にかけて新しい道具や紙を開発し、土佐だけでなく、日本の製紙業にも大きな影響をあたえました。なかでも美濃の国から伝わった典具帖紙を改良した「土佐典具帖紙」は世界一うすい紙といわれ、土佐和紙を代表する製品のひとつになりました。

※土佐典具帖紙はコウゾが原料のとてもうすい紙。画家が下図を写すときや、絵画など文化財の修復などに使う。
美濃は現在の岐阜県の一部で美濃和紙（P21）の産地があるところ。

産地のいろいろな和紙

産地では、卒業証書やこいのぼり、ひな人形など、身近なものもたくさん作られています。うすくて平らな和紙製品だけでなく、さまざまに工夫して作られる立体的なものにも注目して！

自分たちで作る場合もあるよ！

和紙の卒業証書

みなさんの学校の卒業証書にはどんな紙が使われていますか？　産地に近い学校では、和紙の卒業証書が多く用いられています。石州和紙や因州和紙などの産地では、職人さんに教わりながら児童や生徒が自分で和紙をすいて作っています。地元の伝統工芸を身近に感じられることから、毎年行っている学校もあります。

石州和紙（写真奥）と、校章をすきこんだ因州和紙（写真手前）の卒業証書

和紙のおめんと人形、こいのぼり

和紙といえば平らな紙を想像しますが、越中和紙（八尾・五箇山・蛭谷）には、写真のような製品もあります。おめんは手すき和紙を重ねて作り、紙塑人形は和紙をねんど状にして成形。こいのぼりは手すき和紙を型ぞめの技法でそめています。和紙のじょうぶさをいかし、立体的なものも作ることができるのです。

家の中でかざられる八尾和紙のこいのぼり。しわ加工した和紙でできています

いろいろな武将をおめんにした和紙戦国武将面。五箇山和紙で作られています

五箇山和紙の紙塑民芸品・和紙雛人形。職人さんがひとつずつ絵つけしています

ぶんぐ

文具とその他の工芸品

えんぴつやペンが発明される前、人々は硯を使って墨をすり、筆に墨汁をつけて文字を書きしるしていました。そうした文具は古くから作られていて、その技術は今も産地で大切に受けつがれています。ここでは、伝統的な文具をはじめとして、扇子やうちわなど、さまざまな工芸品についても紹介します。

墨

文字を書くために必要な墨。
伝統的な墨は、植物をもやして作ります。

松のほか、なたね、竹なども原料に。鈴鹿墨はそめ物の染料や塗料にも使います

三重県 鈴鹿墨

約1200年前、鈴鹿の山でとれる肥松をもやしてすすを取り、ニカワでかためて墨を作ったことがはじまりといわれます。すすとニカワをまぜた墨玉を手でねるなど、工程は手作業。発色がよく、なめらかな墨を作っています。

※肥松とは、樹脂を多くふくんだ松のわり木のこと。ニカワとは、動物のほねや皮をにつめて作った接着剤。

マツやなたねのあぶらをつかうんだ！

硯（すずり）

硯は墨をするために使う道具です。よい石がとれる土地で作られます。

石をほって作るんだね

ふたつきの雄勝硯。手を休めるときなどにふたをすると、墨がかわきにくくなります

赤間硯は山から石をほり出し、仕上げるまでの作業をほぼ1人の職人さんが行います

山口県　赤間硯

石質がちみつで硯にてきした赤間石を山から採取して作ります。歴史は古く1191年に鎌倉の鶴岡八幡宮に奉納された記録があります。江戸時代は藩主の許可がないと原石を入手できず、きちょうな硯として知られました。

宮城県　雄勝硯

石巻市雄勝町では600年以上の伝統を守りながら今も手作業で硯を生産。原料は地元産の天然の雄勝石。歴史的建造物の屋根瓦にもなる石は純黒色で圧縮に強く水をあまりすわないため、年月をへても品質が変わりません。

ぶんぐ

筆 (ふで)

筆の先に墨汁をつけ、文字を書きます。穂先は動物の毛でできています。

↑ 今は原料の毛は輸入が中心。墨になじみやすく、すべるような書き味といわれています

どうぶつの毛なんだ！

愛知県　豊橋筆（とよはしふで）

1804年、京都から来た筆師が毛筆を作ったことからはじまりました。おもに下級武士の副業として発展。山が広がり、タヌキ、イタチなど原料となる動物の毛が手に入りやすかったことも筆作りがさかんになった理由です。

奈良県　奈良筆

1200年前、毛筆を作る技術を弘法大師が中国から奈良に伝えたことがはじまりとされます。ヒツジ、ウマ、シカ、タヌキなどの毛をそれぞれの特質によって配分と寸法をきめ、まぜ合わせる技法「ねりまぜ法」が特徴です。

1本ずつていねいに手作りする筆は、用途に合わせて毛の配合、長さ、弾力がちがいます

広島県　熊野筆

熊野町で筆が作られるようになったのは江戸末期。兵庫県などで筆作りを学んだ若い職人さんが技術を広めたことからはじまりました。現在は書筆をはじめ、画筆、けしょう筆も生産され、海外でも使われています。

右から、画筆、書筆、けしょう筆。画筆だけでも水彩、油彩用など種類がいろいろあります

ぶんぐ

そろばん

計算にかかせない道具、そろばん。
玉を作る技術はとてもせんさいです。

高級木材のツゲを使った、雲州そろばん。玉やわくにコクタンを用いたそろばんも生産

ほぼ手作業で作られる、播州そろばん。カバ・ツゲ・コクタンなどの木材で作ります

玉にはかたい木をつかうよ！

兵庫県 播州そろばん

室町後期、中国から滋賀県大津に伝わったそろばん。その技が兵庫県小野市と周辺地域で播州そろばんとして発展しました。古くから伝わるせんさいな技術をいかしたそろばんは、玉のはじきがよく使いやすいといわれます。

島根県 雲州そろばん

雲州そろばんは江戸後期、地元の大工さんが土地のカシやウメなどでそろばんを作ったことがはじまりです。雲州地方ではかたい木をけずれる強い刃物が生産されていたこともあって、そろばん作りがさかんになりました。

扇子（せんす）

竹などのほね組を和紙にさしこんで作ります。ほね組に布をはって作るものもあります。

みやびなもようが美しい蝙蝠扇はまさに芸術品。竹に和紙を組み合わせています

夏に涼をとるための夏扇をはじめ、実用性のある扇も古くから生産しています

ごうかなもようだね

京都府　京扇子（きょうせんす）

およそ1200年前、うすいヒノキの板をつなぎ合わせて作った「桧扇」が発祥といわれます。その後、竹と紙を組み合わせた「紙扇」が作られ、能、狂言、舞踊、茶道など、時代や用途に合わせたさまざまな京扇子が生まれました。

ぶんぐ

うちわ

竹に和紙や布を組み合わせた、うちわ。地域によって特徴がちがいます。

細くわった竹のほね組みに布や和紙をはるなど、21の工程がある房州うちわ。すべて手作業で作られます

竹の産地で発展したよ！

千葉県　房州うちわ

明治時代に竹の産地だった房州（現在の館山市と南房総市）では、そのめぐみをいかし、うちわが作られるようになりました。おもに女性の内職として発展し、大正末期から昭和のはじめにかけては年間700〜800万本を生産していました。

京都府 京うちわ

「都うちわ」とよばれ宮廷でも使われていました。うちわ面ともち手（柄）を別々に作り、後からもち手をさしこむ「さし柄」という構造が特色です。うすい紙に細い竹ひごを1本ずつのりづけするなど、せんさいな作り方です。

両面すかしのせんさいな京うちわ。ゆうがで美しい絵柄も、京うちわの魅力です

うちわ面の竹ひごの数が多いほど高級品になり、100本の竹ひごを使うものもあります

香川県 丸亀うちわ

柄とほねが1本の竹から作られる丸亀うちわ。江戸初期までにその技術が確立していたといわれています。丸亀にはたくさんの職人さんがいたため、全国各地から注文をうけてうちわが作られました。さまざまな形のうちわがあるのも特徴です。

しゅ色に丸金印のうちわは金毘羅まいりのおみやげとして、古くから知られています

ぶ ん ぐ

甲州印伝

シカの革で作る山梨県の伝統的工芸品。さまざまな製品が作られています。

シカのかわでできているよ

きんちゃくぶくろも定番。トンボやサクラのもようは、甲州印伝の伝統的な柄です

むかしから作られている、合切ぶくろ。ひもで口をしめて、手さげぶくろのようにして使います

山梨県　甲州印伝

甲州印伝はシカ革にうるしでもようをつける工芸品。江戸末期には、今の甲府市を中心に産地ができていたようです。古くはきんちゃくぶくろ、大正時代からはハンドバッグなど、時代に合わせたものを作っています。

江戸からかみ

平安中期、中国の唐紙を模したものが、からかみのはじまりです。

右から伊勢型紙で作った「呉竹」、「雪輪」、刷毛引きの「丁子引き（しま）」。どれも江戸時代のもよう

東京都
江戸からかみ

約400年の歴史をもつ江戸からかみ。木版、伊勢型紙、刷毛引き、金ぱくなどで和紙にもようをつけ、ふすまやかべにはる紙として発展しました。現在も江戸時代に考案されたもようだけを使い、伝統の技術でからかみを生産しています。

いろんなもようがあるね

木版の「小若松」「あけぼの桜」。木材にもようを深くほり、絵の具をつけて手ですります

＼産地の課題と新しい取り組み／
和紙＆文具ニュース

ふすま紙や障子紙を使う和室や、筆で文字を書くことがへって、伝統的な和紙や文具にふれる機会は減少しています。そんな現状を解決するためにはじまった、産地の取り組みを紹介します。

福井県　越前和紙

日本を代表する和紙の産地・越前では伝統を未来につなぐ活動が行われています。特徴的なのが、地元の岡本小学校に「紙すき室」がもうけられていることです。毎年、小学校と同じ敷地にある幼稚園の園児も参加して、学年ごとに紙すき実習を行っています。こうした取り組みから、将来の職人さんが生まれるかもしれません。

未来の職人さん！

小学6年生の卒業証書すき実習

富山県　五箇山和紙

五箇山和紙の産地では、400年以上つづく伝統を残していこうと、現代のくらしに合った商品開発にも力を入れています。なかでもわかい職人さんの感性をとり入れたブランド・FIVEは、海外の見本市にも積極的に参加しています。カラフルで水にも強いじょうぶな和紙小物は高く評価され、和紙のよさを世界に広げています。

カラフルで現代的！

FIVEのカードケース

岐阜県　美濃和紙

受けつぐ伝統技術

1300年以上の歴史をほこる美濃和紙。その技がこれから1000年先もつづくよう、美濃市では「美濃和紙伝承千年プロジェクト」に取り組んでいます。年に1回行われる美濃・手すき和紙基礎スクールでは、紙すき職人になりたい人に技術を教えるなど、後継者をそだてる講座を開催。品質の高いコウゾの栽培の研究も進めています。

美濃・手すき和紙基礎スクール

三重県　鈴鹿墨

世界初の8色の墨

墨は黒色というイメージを変え、もっとたくさんの人に書道を楽しんでもらいたいと、鈴鹿墨の伝統工芸士・伊藤亀堂さんは、色のついた「色墨」を世界ではじめて開発しました。さまざまな原料を組み合わせ、工夫を重ねて作られた色墨は、むらさき、みどりなど8色。そめものの着色など、書道をしない人にも使われています。

進誠堂の雪月風花8色セット

愛知県　豊橋筆

やさしい肌ざわり

職人さんが高齢になり生産量が年々へっているという豊橋筆。200年以上つづく伝統をたやしたくないと、地元の有志が立ち上がり、ベテランの職人さんと力を合わせて赤ちゃんの顔や体を洗える「福筆」を開発しました。こうした新しい需要を生み出すことが、わかい職人さんの仕事をふやすきっかけにつながっています。

豊橋筆の福筆

都道府県別伝統的工芸品一覧

※①などの数字は掲載している巻数です
①焼きもの　②ぬりもの　③木工と金工
④布　⑤和紙と文具

このシリーズに掲載した伝統的工芸品の一覧です。

北海道
- 二風谷アットゥシ…④
- 二風谷イタ…………③

青森
- 津軽塗………………②

岩手
- 岩谷堂箪笥…………③
- 浄法寺塗……………②
- 南部鉄器……………③
- 秀衡塗………………②

宮城
- 雄勝硯………………⑤
- 仙台箪笥……………③
- 鳴子漆器……………②

秋田
- 秋田杉桶樽…………③
- 大館曲げわっぱ……③
- 樺細工………………③
- 川連漆器……………②

山形
- 羽越しな布…………④
- 置賜紬………………④
- 天童将棋駒…………⑤
- 山形鋳物……………③

福島
- 会津塗………………②
- 会津本郷焼…………①
- 大堀相馬焼…………①
- 奥会津編み組細工…③

茨城
- 笠間焼………………①
- 結城紬………………④

栃木
- 益子焼………………①

群馬
- 伊勢崎絣……………④
- 桐生織………………④

埼玉
- 春日部桐箪笥………③
- 秩父銘仙……………④

千葉
- 房州うちわ…………⑤

東京
- 江戸からかみ………⑤
- 江戸指物……………③
- 江戸和竿……………③
- 東京アンチモニー工芸品…③
- 東京銀器……………③
- 東京染小紋…………④
- 東京手描友禅………④
- 多摩織………………④
- 本場黄八丈…………④
- 村山大島紬…………④

神奈川
- 小田原漆器…………②
- 鎌倉彫………………②
- 箱根寄木細工………③

新潟
- 越後三条打刃物……③
- 越後与板打刃物……③
- 小千谷縮……………④
- 小千谷紬……………④
- 加茂桐箪笥…………③
- 塩沢紬………………④
- 燕鎚起銅器…………③
- 十日町明石ちぢみ…④
- 十日町絣……………④
- 新潟漆器……………②
- 本塩沢………………④
- 村上木彫堆朱………②

長野
- 内山紙………………⑤
- 木曽漆器……………②
- 信州打刃物…………③
- 信州紬………………④
- 南木曽ろくろ細工…③
- 松本家具……………③

山梨
- 甲州印伝……………⑤
- 甲州手彫印章………⑤

静岡
- 駿河竹千筋細工……③

富山
- 井波彫刻……………③
- 越中和紙……………⑤
- 高岡漆器……………②
- 高岡銅器……………③

石川
- 牛首紬………………④
- 加賀繍………………④
- 加賀友禅……………④
- 金沢漆器……………②
- 九谷焼………………①
- 山中漆器……………②
- 輪島塗………………②

福井
- 越前打刃物…………③
- 越前漆器……………②
- 越前箪笥……………③
- 越前焼………………①
- 越前和紙……………⑤
- 若狭塗………………②

岐阜
- 一位一刀彫…………③
- 飛騨春慶……………②
- 美濃焼………………①
- 美濃和紙……………⑤

愛知
- 赤津焼………………①
- 有松・鳴海絞………④
- 尾張七宝……………⑤
- 瀬戸染付焼…………①
- 常滑焼………………①
- 豊橋筆………………⑤
- 名古屋桐箪笥………③
- 名古屋黒紋付染……④
- 名古屋友禅…………④

三重
- 伊賀くみひも………④
- 伊賀焼………………①
- 鈴鹿墨………………⑤
- 四日市萬古焼………①

滋賀
- 近江上布……………④
- 信楽焼………………①

京都
- 京うちわ……………⑤
- 京鹿の子絞…………④
- 京くみひも…………④
- 京黒紋付染…………④
- 京小紋………………④
- 京指物………………③
- 京漆器………………②
- 京扇子………………⑤
- 京繍…………………④
- 京焼・清水焼………①
- 京友禅………………④
- 西陣織………………④

大阪
- 大阪唐木指物………③
- 大阪金剛簾…………③
- 大阪泉州桐箪笥……③
- 大阪浪華錫器………③
- 大阪欄間……………③
- 堺打刃物……………③

奈良
- 高山茶筌……………③
- 奈良筆………………⑤

和歌山
- 紀州漆器……………②
- 紀州箪笥……………③
- 紀州へら竿…………③

兵庫
- 出石焼………………①
- 丹波立杭焼…………①
- 豊岡杞柳細工………③
- 播州毛鉤……………⑤
- 播州そろばん………⑤
- 播州三木打刃物……③

鳥取
- 因州和紙……………⑤
- 弓浜絣………………④

島根
- 石見焼………………①
- 石州和紙……………⑤
- 雲州そろばん………⑤

岡山
- 勝山竹細工…………③
- 備前焼………………①

広島
- 川尻筆………………⑤
- 熊野筆………………⑤
- 福山琴………………⑤
- 宮島細工……………③

山口
- 赤間硯………………⑤
- 大内塗………………②
- 萩焼…………………①

徳島
- 阿波正藍しじら織…④
- 阿波和紙……………⑤
- 大谷焼………………①

香川
- 香川漆器……………②
- 丸亀うちわ…………⑤

愛媛
- 大洲和紙……………⑤
- 砥部焼………………①

高知
- 土佐打刃物…………③
- 土佐和紙……………⑤

福岡
- 上野焼………………①
- 小石原焼……………①
- 久留米絣……………④
- 博多織………………④

佐賀
- 伊万里・有田焼……①
- 唐津焼………………①

長崎
- 三川内焼……………①
- 波佐見焼……………①

熊本
- 天草陶磁器…………①
- 小代焼………………①
- 肥後象がん…………③

大分
- 別府竹細工…………③

宮崎
- 都城大弓……………③

鹿児島
- 薩摩焼………………①
- 本場大島紬…………④

沖縄
- 喜如嘉の芭蕉布……④
- 久米島紬……………④
- 首里織………………④
- 知花花織……………④
- 壺屋焼………………①
- 南風原花織…………④
- 宮古上布……………④
- 八重山ミンサー……④
- 八重山上布…………④
- 与那国織……………④
- 読谷山花織…………④
- 読谷山ミンサー……④
- 琉球絣………………④
- 琉球漆器……………②
- 琉球びんがた………④

※産地が2つ以上の都道府県にまたがる工芸品については、主な産地（または組合・協会の所在地）のある都道府県の欄にのっています。
※都道府県ごとに50音順で掲載しています。
※各巻の産地マップのみで紹介しているものもあります。

● 参考資料
『伝統的工芸品ハンドブック改訂版』一般財団法人 伝統的工芸品産業振興協会
『伝統工芸ってなに？』芸艸堂
『世界にほこる日本の和紙』新日本出版社
『和紙の歴史』印刷朝陽会
『和紙の里 探訪記』草思社
ほか、各産地、経済産業省のHPを参考にさせていただきました。

● 取材協力
全国手すき和紙連合会（監修P10〜16）

● 取材協力
〈和紙〉内山紙／内山紙協同組合　越中和紙／富山県和紙協同組合　越前和紙／岩野平三郎製紙所、福井県和紙工業協同組合　美濃和紙／美濃手すき和紙協同組合　因州和紙／鳥取県因州和紙協同組合　石州和紙／石州和紙協同組合　阿波和紙／阿波手漉和紙商工業協同組合　大洲和紙／大洲手すき和紙協同組合　土佐和紙／高知県手すき和紙協同組合
〈文具とその他の工芸品〉墨／鈴鹿製墨協同組合　硯／山口県赤間硯生産協同組合、雄勝硯生産販売協同組合　筆／豊橋筆振興協同組合、奈良県工芸協会、熊野筆事業協同組合　そろばん／播州算盤工芸品協同組合、雲州算盤協同組合　京扇子／京都扇子団扇商工業協同組合　うちわ／房州うちわ振興協議会、京都扇子団扇商工業協同組合、香川県うちわ協同組合連合会　甲州印伝／印傳屋 上原勇七　江戸からかみ／江戸からかみ協同組合

● 写真提供
福井県和紙工業協同組合(P38)、FIVE／五箇山和紙の里(P38)、美濃和紙の里会館(P39)、進誠堂(P39)、Fukufude製作委員会(P39)

伝統工芸のきほん⑤　和紙と文具

伝統工芸のきほん編集室

本文執筆　ジャムセッション（中村美枝）
撮影　　　平石順一
イラスト　matsu（マツモト ナオコ）
デザイン　パパスファクトリー

発行者　内田克幸
編集　　大嶋奈穂
発行所　株式会社　理論社
　　　　〒101-0062　東京都千代田区神田駿河台2-5
　　　　電話　営業 03-6264-8890
　　　　　　　編集 03-6264-8891
　　　　URL　https://www.rironsha.com

2018年 2月初版
2022年10月第5刷発行

印刷・製本　図書印刷
©2018 rironsha, Printed in Japan
ISBN978-4-652-20231-9　NDC750
A4判　31cm　40p

落丁・乱丁本は送料小社負担にてお取替え致します。本書の無断複製（コピー・スキャン、デジタル化等）は著作権法の例外を除き禁じられています。私的利用を目的とする場合でも、代行業者等の第三者に依頼してスキャンやデジタル化することは認められておりません。